Zensho W. Kopp
El despertar al Verdadero Sí Mismo

Zensho W. Kopp

El despertar al Verdadero Sí Mismo

El camino ZEN de la
mística holística

Traducción © 2016 por Ignacio Vega

Título original: "Das Erwachen zum wahren Selbst",
publicado por EchnAton Verlag, Diana Schulz e.K 2016

Editorial: Books on Demand GmbH, Norderstedt
Cubierta y diseño: Jörg Zimmermann
Foto: Verena Kopp
Maquetación: Torsten Zander

Visítenos en https://www.tao-chan.org/es/

ISBN: 9-783746-010298

Contenido

El Ser eterno no nace,
ni muere en ningún momento.
Viene de la nada
y no se convierte en nada .
No-nato, eterno, inmortal.
No muere cuando el cuerpo muere.

Katha Upanishad

Presentación del camino del Zen holístico

El Verdadero Sí Mismo, la fuente primaria de toda vida

La sed insaciable de conocimiento de la naturaleza humana nos lleva mucho más allá de las fronteras de nuestro planeta Tierra, al espacio. Por desgracia, hemos olvidado descubrirnos a nosotros mismos. No estamos buscando nuestro Verdadero Ser, sino "lo gran desconocido", la realidad detrás de todo, sin sospechar que lo podemos encontrar solo en nosotros mismos.

Debido a esta ignorancia nos esforzamos constantemente, sacrificando la felicidad y la satisfacción duradera para alcanzar un mundo en el exterior sin reconocer que la fuente de toda felicidad, como nuestro Verdadero Ser, está siempre presente en nosotros mismos.

En nuestra ceguera, debida a la ignorancia espiritual de nuestra naturaleza divina inherente, estamos tan ocupados con las preocupaciones de la vida cotidiana, que nos hemos perdido a nosotros mismos y ya no sabemos quiénes o qué somos en los cimientos de nuestro Ser. Siguiendo estas ideas hemos creado un mundo sin sentido que sufre una falta de amor y exceso de decepción.

Esto es lo que nosotros hemos creado: un mundo sin sentido, falto de amor y pleno de decepción, y nos hemos encerrado en él.

Mientras nuestra conciencia siga estando dominada y retenida por intereses principalmente materiales, no será posible que nos demos cuenta de nuestro Verdadero Ser y avancemos hacia la libertad del espíritu.

La mayoría de las personas son extremadamente persistentes en su negación de esta incómoda verdad, y no pueden aceptar el hecho de la naturaleza engañosa de todos los fenómenos y actividades mundanas. Pero esa es la realidad.

El Maestro Zen chino Yung-chia escribió en el siglo 8 la siguiente advertencia:

La cuestión de la vida o la muerte es imponente y su fugacidad se manifiesta con rapidez.

¿Cómo puede uno preocuparse entonces portrivialidades?

Pero es así, y nos esforzamos por evitar enfrentarnos con esa fugacidad, prefiriendo aferrarnos a la ilusión de estabilidad. Suprimimos el hecho innegable de que la muerte puede ocurrir en cualquier momento y preferimos creer que aún disponemos de mucho tiempo por delante.

En nuestra adhesión a la noción de permanencia de la vida, llenamos nuestra conciencia con pensamientos constantes acerca de las cosas del mundo, y perdemos así el acceso a nuestro Ser más profundo.

El objetivo esencial de este libro es revertir nuestra visión espiritual de la apariencia mundana y dirigirla hacia el interior. Buscar, en los términos más enérgicos, el Corazón-Mente como nuestra verdadera Naturaleza Esencial, que nos permite descubrir la realidad de nuestro Verdadero Ser en nosotros mismos. Puesto que es absolutamente imposible encontrarnos en otro sitio que no sea en nosotros mismos.

Entrar en contacto de nuevo con nuestro Verdadero Sí Mismo, pues así llamamos a nuestra propia esencia interna, es el objetivo real y lo más importante de nuestra existencia humana.

Por ello, el mayor deseo de todo ser humano debe ser experimentar la presencia de su Sí Mismo interior, verdadero y divino. Porque es el manantial de toda la vida existente en sí mismo, del que toda vida se produce sin fin. Todos vivimos y respiramos de este Sí Mismo verdadero, sin ser conscientes de ello.

La totalidad holística del Ser

Retroceder y tomar conciencia de esta, nuestra naturaleza divina olvidada, es la clave para la realización de nuestro Verdadero Ser y la obtención de una vida con sentido. Este hallazgo, sin embargo, está totalmente más allá de la capacidad de nuestro conocimiento intelectual. Porque viene de lo más profundo de una experiencia mística directa.

Aquí llegamos a un punto de vista más elevado, y se nos revela la verdad de que estamos formados, sostenidos y rodeados de un Ser indiviso y absoluto. Cuanto más nos volvemos a nuestro Verdadero Yo Mismo, más desaparecen todas las diferenciaciones y el engaño, y experimentamos con mayor profundidad la inherente unidad divina.

Esta liberación de nuestra perspectiva limitada, condicionada, nos lleva a ver con mayor evidencia que nuestra conciencia no es pequeña ni está aislada. Más bien es una conciencia holística, que todo lo abarca, no-nata e inmortal, ilimitada en su Ser, que lo comprende todo.

Somos parte de una realidad cósmica sin límites y, al mismo tiempo, en el sentido más profundo de nuestro Ser, somos la totalidad misma que todo lo abarca.

La pregunta sobre el sentido de nuestra vida es, en última instancia, la cuestión de nuestro Verdadero Yo Mismo. Es la cuestión de quién y qué somos en realidad, en lo profundo de nuestro Ser. Podemos encontrar una respuesta solo si reconocemos, en contemplación mística de nuestro Verdadero Ser más profundo, la presencia última del Sí Mismo divino, común a todos los seres.

Wiesbaden, Verano 2016   Zensho W. Kopp

Todo es la Mente Única

1

Nuestra Naturaleza Divina original

La omnipresencia de la Mente Única impregna el universo al completo. Todo cambio y transformación continua es la auto-evolución y auto-transformación de esta Mente Universal. Es la auto-realización de la inexpresable última base divina. Por ello, toda la multiplicidad sin fin del mundo externo de los fenómenos es la manifestación de esta Mente holística, puesto que todo lo abarca, y el universo es su revelación.

La naturaleza dinámica del universo se extiende desde el átomo más pequeño a las vastas dimensiones de las galaxias. Todo está en movimiento, todo, en última instancia, sucede solo en la Mente. La Mente es el fundamento de todo, "fuera de ella, a través de ella y en ella están todas las cosas", y más allá de la Mente no existe nada en absoluto.

El momento en que dirigimos nuestra atención espiritual lejos de las cosas externas, y nos volcamos hacia el interior en la claridad de la meditación, percibimos que esta Mente es nuestro verdadero Sí Mismo Divino. En la oscuridad del corazón, en nuestro recodo más interno, brilla como una luz radiante que ilumina todo el universo como una llama eterna. Este, nuestro Verdadero Ser, es la realidad que subyace en la base de todas nuestras experiencias. No viene ni va, es omnipresente, silencioso y puro, estando más allá del espacio y el tiempo. En tanto que fuente original y pura de todo Ser es no-nato e indestructible.

Sin embargo, nuestra naturaleza original divina está en constante asalto por una multitud de pasiones y pensamientos. El flujo perpetuo de la inteligencia y su producción incesante de ideas, junto con nuestros hábitos de pensamiento profundamente arraigados, proyectan una sombra oscura sobre nuestro Verdadero Sí Mismo.

Fascinados por este espectáculo en la superficie de nuestra conciencia, no somos capaces de liberarnos de ella. Y así nos encontramos en un estado de oscuridad y confusión mental, atrapados en nuestras propias proyecciones.

Cegados por esta percepción errónea, no somos capaces de percibir la realidad de nuestro Verdadero Sí Mismo, y por lo tanto nos alejamos perdidos en el Samsara, el ciclo del nacimiento y la muerte. Atrapados de esta manera en el sueño de un mundo aparente de multiplicidad, nos hemos perdido a nosotros mismos y ya no sabemos quiénes somos. Sin embargo, ya que este sueño errante es solo una "visión", no podemos hablar de un hecho real en el sentido de un evento real. Creemos que en verdad nos movemos en un mundo tridimensional, un mundo multitudinario de espacio y tiempo que existe separado de nosotros, pero en verdad todo lo que sucede tiene lugar solo en la mente. En el Shraddhotpada Shastra, un texto budista del siglo II, está escrito:

> Todas las cosas en el mundo son irreales y engañosas; no son más que proyecciones de la mente. Al igual que los reflejos que aparecen en un espejo, en realidad, ninguna cosa tiene sustancia real; no son ciertas sino ilusorias y "Solo-Mente".

Las enseñanzas Solo-Mente del Zen

Lo que normalmente consideramos como la realidad de nuestro mundo externo no tiene en verdad más sustancia que una visión soñada. En palabras del Maestro Zen chino Han-shan del siglo 17:

> Las cosas de este mundo son como accesorios y decorados de una obra teatral soñada. Cuando se despierta, el escenario se desvanece. Los actores y el público por igual se desvanecen. Lo que vive en un sueño también debe morir con el sueño; pero detrás del sueño está el Verdadero Sí Mismo que no cesa con el sueño.

En consecuencia, todo lo que percibimos en el mundo, incluso la solidez aparente de la sustancia, no es otra cosa que la idea ilusoria de la mente.

Nuestros pensamientos y acciones anteriores tienen ciertas tendencias kármicas generadas en nosotros que son la causa de que nuestro espíritu proyecte este mundo, que nosotros experimentamos presentemente.

Lo que percibimos como el mundo exterior, sólido y concreto, no es, en realidad, más que una suma de eventos y objetos de la percepción, mutuamente dependientes e interdependientes. Todo se basa en una interacción mútua.

Es decir: la existencia independiente no existe. El mundo que vemos no existe realmente, no es nada más que una ilusión, una que surgió de la manifestación de nuestros propios impulsos mentales.

Sin embargo, si creemos que podemos inferir la presencia real de un mundo externo a través de nuestra percepción sensorial, estamos equivocados.

La única prueba que podemos obtener es la capacidad de nuestros sentidos para funcionar. Sin embargo, ya que nuestro cuerpo, y por lo tanto nuestros sentidos, también son solo nociones de la mente, la supuesta percepción solo demuestra que nuestra conciencia experimenta impresiones creadas por los sentidos.

Ya que solo percibimos el mundo a través de nuestros sentidos y la conciencia, debemos conceder que el único mundo del que podemos hablar es el mundo de nuestra experiencia subjetiva. Y, en definitiva, esto significa que el mundo no es más que "nuestra imaginación".

Un excelente ejemplo de la enseñanza de la Solo-Mente es la siguiente historia china del siglo 8:

La bandera templo sobre la gran puerta del monasterio Zen del Sexto Patriarca Hui-neng se agita en el viento. Dos monjes están de pie, discutiendo bajo la bandera. Uno de ellos dice: "Mira cómo se mueve la bandera". El otro dice, "No, es el viento que se mueve". Y así discute cada uno su posición sin poder llegar a un acuerdo.

De repente, el Sexto Patriarca aparece de pie directamente detrás de los dos pendencieros que discutían en voz alta, y dice: "Ni el viento ni la bandera se mueven. Solo la mente se mueve, nada más".

2

La inmensidad sin límites de la Mente

El alcance de la Mente

Todo es la Mente Única, junto a la cual nada existe. Es interminable y todo lo penetra. En su falta de límites absolutos llena todo el universo con su resplandor.

Al despertar del sueño de un mundo externo de fenómenos, reconocemos que esta Mente Única es nuestro verdadero Sí Mismo Divino y que no hay seres diferenciados.

En nuestra ilusión causada por la ignorancia mental de este hecho, sin embargo, hemos creado un yo artificial con la creencia asociada de ser una entidad separada de todos los demás individuos. Este falso sentido de sí mismo oscurece nuestra visión de la realidad de nuestro Verdadero Ser y es la causa fundamental de nuestra ignorancia.

No sabemos que, por nuestra existencia en la Mente Única, somos una realidad no-nata e inmortal. Nos hemos olvidado de nuestra naturaleza original y verdadera, y vivimos nuestras vidas en la identificación con el cuerpo, los sentidos y el entendimiento. Por lo que nos hemos hecho esclavos de la Ley del Karma, del nacimiento y la muerte.

En última instancia, el llamado Sí Mismo individual no es otra cosa que un "aspecto parcial microcósmico" de esta Mente Única que todo lo abarca, exagerado por el pensamiento dualista y, por tanto, limitando. La extensión ilimitada de la Mente Única se ha reducido de este modo a la pequeña esfera de la conciencia individual.

Es como si nos viéramos el cielo a través de una paja y tomáramos esa limitada visión por todo el cielo. Así es cómo nos aferramos a nuestra menguada perspectiva dualista, como si fuera la verdad absoluta.

Nos aferramos a nuestras nociones condicionadas y nos movemos solo dentro de los límites de nuestros límites autoimpuestos, de manera que consideramos imposible todo lo que se encuentra más allá de nuestro minúsculo poder de imaginación.

En una antigua parábola india, la situación de una persona atrapada en su perspectiva limitada se compara con la de una rana en un pozo.

Una rana había estado viviendo durante mucho tiempo en un antiguo pozo en el borde del mar. Había nacido en ella y crecido en ella.

Un día, un pez, que había saltado del mar, cayó

en el pozo. Cuando la rana se recuperó de la conmoción inicial, preguntó con cautela al recién llegado: "¿Qué clase de extraña criatura es usted y de qué parte de la tierra?" El pez contestó: "Soy un pez y vengo del mar". -"¿Del mar"? le preguntó la rana, aún más sorprendida. "Entonces dime, cómo de grande es el mar?" -"Muy grande", respondió el pez. La rana estiró las piernas y le presguntó: "¿El mar es así de grande?". -"¡Es mucho más grande!", dijo el pez. A continuación, la rana dio un gran salto desde un lado del pozo al otro: "¿Es tan grande como este salto?".

"Amiga", respondió el pez, "el mar es tan grande que no se puede comparar con tu pozo". -"¡Ja!", exclamó la rana, "ahora te has delatado, mentiroso, porque nada puede ser más grande que mi pozo".

En la oscura sombra de Maya

Cuando ofuscamos nuestro Verdadero Ser de la Mente trascendente sin límites con conceptos y nociones de todo tipo, permanecemos en este lamentable estado de conciencia contraída. Como consecuencia de ello, solo somos capaces de percibir un pequeño fragmento, una parte diminutivamente pequeña de toda la realidad.

En este estado de conciencia contraída, una persona ya no es consciente de la universalidad de su mente. Y por eso vive una existencia miserable en la oscura sombra de Maya, en la gran ilusión de un aparente mundo externo de fenómenos.

Milarepa, un maestro de budismo tibetano del siglo 12, nos explica cómo podemos liberarnos de este mundo de sufrimiento:

> Cuando la propia mente de una persona recuerda su estado original, todos los pensamientos engañosos se desvanecen por sí mismos en el reino de la realidad última.
> Ya no hay nadie que cause sufrimiento y nadie

que sufra. El estudio más exhaustivo de las escrituras budistas nos enseña únicamente esto.

Si queremos sondear con seriedad las profundidades de todo Ser, debemos sacrificar todas nuestras queridas y familiares palabras-concepto, nuestras nociones, nuestros signos y símbolos, y abrirnos a una nueva forma de ver las cosas. Solo entonces podremos escapar de la esclavitud causada por la limitación del pensamiento conceptual. Mientras no estamos preparados para dar este paso, quedaremos atrapados en el "dedo que apunta a la luna", en la creencia errónea de que el dedo es el objetivo al que apunta. En el Lankavatara Sutra, uno de los textos principales del budismo Mahayana, está escrito:

Cuando una persona apunta a algo, su dedo por error podría tomarse por lo que está siendo señalado. De la misma manera, los ignorantes e ingenuos son incapaces de renunciar a la idea de que el significado en sí está contenido en una palabra.

En el siglo 7, el sexto patriarca del Zen, el Maestro Zen Hui-neng dijo:

Los que conocen el significado han ido más allá de las palabras sin sentido y han trascendido las letras. El que ha alcanzado el significado olvida las palabras, observa el fundamento y deja tras de sí a todos los maestros.

3

Zen - Más allá del pensamiento

El conocimiento instantáneo de la realidad

Es un hecho irrefutable que nuestro modo de pensar habitual y lógico es incapaz de comprender nuestro Verdadero Sí Mismo original, y por lo tanto la naturaleza fundamental de todas las cosas. Por esta razón, los maestros Zen no pierden tiempo con explicaciones abstractas o complejos debates filosóficos, que solo nos mantienen atrapados en la maraña del aferramiento del dualismo lógico. Todos los sistemas filosóficos y religiosos son el resultado de la especulación racional. A lo sumo, se podría conceder estas enseñanzas un valor preparatorio, introductor. Sin embargo, a los ojos de los antiguos Maestros Zen chinos, como Lin-chi, Hui-neng y Yun-men, todas las escrituras del budismo tradicional son solo papel sin valor. Así lo dice el Maestro Zen Hung-jen, del siglo 7:

Una vez hemos reconocido que la Naturaleza-Buda es tan pura en todos los seres como el sol detrás de las nubes, solo debemos esforzarnos por que la Mente-Verdadera se mantenga perfectamente clara, de manera que las nubes de los pensamientos confusos se disuelvan y brille el sol del conocimiento.

¿Qué más necesita uno que aplicar este gran conocimiento a los sufrimientos del nacimiento y la muerte, pasando por encima de todas las doctrinas y principios, así como sobre todo lo pasado, presente y futuro? Es como limpiar el polvo de un espejo; una vez que el polvo se elimina por completo, se manifiesta la claridad por si misma.

En estas palabras del maestro Zen Hung-jen, el original, se expresa el auténtico Zen de los viejos Maestros. Es la forma más pura de Chan chino, del que se hablará aquí, en este libro, y el cual difiere significativamente del budismo Zen que en la actualidad se comercializa.

El Zen original de los viejos Maestros chinos es la verdad más allá de todos los opuestos. Destaca por su radical independencia y no puede entenderse a través de confusas explicaciones o ingeniosas especulaciones. El Zen es la verdad de la percepción inmediata de la realidad y siempre apunta directamente a la "Corazón-Mente", el Verdadero Sí Mismo de una persona. Es de un refrescante carácter directo y constante, sin adornos, y por lo tanto una cuestión de experiencia pura. Como el agua se escapa entre los dedos, el Zen elude toda definición. Las cosas son totalmente claras pero se vuelven poco claras debido a nuestro pensamiento diferenciador y conceptual.

El Zen tiene un solo objetivo: desea destruir completamente toda adhesión a las palabras y nuestras nociones limitadas de cuerpo, mente y mundo, para que podamos despertar del sueño del nacimiento y la muerte. Se eleva por encima de toda la lógica del llamado sentido común y se dirige directamente a la intuición espiritual de cada persona. Es por ello que resulta incomprensible y desconcertante para aquellos que creen que pueden abarcar el Zen exclusivamente con su intelecto.

Los humanos, en nuestra confianza ciega en nuestro intelecto, siempre queremos hacerlo todo con la cabeza, y hemos bloqueado así nuestro camino a la percepción de la verdad más allá de todas las palabras. Detrás de cada respuesta que hemos encontrado utilizando nuestro pensamiento diferenciador y conceptual surge una nueva pregunta, y cuanto más nos acercamos a la meta, más nos alejamos de ella.

La liberación del pensamiento compulsivo

En general, tenemos la tendencia de hacer preguntas aparentemente plausibles y luego quedar inextricablemente atrapados en ellas. Mientras nos basemos únicamente en nuestro intelecto no tendremos ninguna posibilidad de escapar de este círculo vicioso. Por esta razón el Zen dice:

¡Deja todo detrás de ti! ¡Deshazte de tus ideas preconcebidas y tu continuismo racional, para percibir las cosas tal como son!

En el camino hacia el despertar sin nacimiento ni muerte, nuestro Verdadero Sí Mismo se centra esencialmente en una liberación de la discriminación de pensamiento autónomo, que al igual que las nubes oscuras, envuelve a nuestro Verdadero Sí Mismo.

Podríamos experimentar nuestro Verdadero Sí Mismo ahora mismo, en este instante, pero no podemos porque nuestra conciencia no es capaz de permanecer en el momento presente, ya que nuestros pensamientos van constantemente a la deriva.

La incapacidad de abandonar la discriminación del pensamiento supone un estado enfermo, en el que una persona se enreda inextricablemente a sí misma en una maraña progresiva de conceptos. La mayoría de la gente, sin embargo, no puede comprender esto y lo consideran un estado normal, porque todo el mundo sufre de esta enfermedad. En las palabras del Maestro Zen Huang-po del siglo 9:

Todo pensamiento diferenciador y conceptual es una opinión falsa y no dudar de las palabras es una aflicción debilitante.

Pero ¿cómo podemos liberarnos definitivamente de pensamiento autónomo? No podemos liberarnos de él tratando de suprimir el pensamiento por la fuerza; cada intento de suprimir el pensamiento solo conduciría a un estado de tensión mental.

En su lugar, liberarnos a nosotros mismos del pensamiento significa dejarnos ir más allá del pensamiento-compulsivo que oscurece nuestro Verdadero Sí Mismo. Esto sucede cuando nos desprendemos de nuestra identificación con el intelecto -pues este es la causa del pensamiento compulsivo- y estamos absolutamente presentes en el Aquí-y- Ahora.

La enseñanza manifestada mediante la práctica de la verdadera meditación Zen, por tanto, no trata de suprimir activamente los pensamientos. Conlleva más bien, observarlos sin buscar la atención, sin tomar referencias y estando libres de juicios de valor, al igual que las nubes pasan por encima de nuestras cabezas. Ya que los pensamientos crecientes no son más que las proyecciones del yo auto-creado sobre nuestro pasado muerto.

En la conciencia pura de la Mente

Si uno está satisfecho con el examen de los pensamientos en el momento de su creación y solamente permanece en la conciencia pura de la Mente, la inquietud mental desaparece y el estado intermedio vacío entre ideas se expande. Así dice también el maestro Zen chino Pai-chang en el siglo 9:

> Si tu mente vaga, no la sigas, y tu deambulante mente se detendrá por sí misma. Si tu mente tiene el deseo de estar en un lugar, no la sigas y no permanezcas allí, y tu búsqueda mental de un lugar de reposo encontrará su fin.
>
> Así obtendrás una mente no-persistente, una Mente que mantendrá un estado de no-permanencia. Si alcanzas la conciencia de una Mente completamente no-persistente, descubrirás que existe solo el hecho de su presencia, pero no hay ningún lugar en el que pueda permanecer.
>
> Esta toma de conciencia perfecta de ti mismo en la Mente no-persistente se conoce como "tener

una clara percepción de la propia Mente" o, en o-
tras palabras, "tener una percepción clara del
Verdadero Yo".

A través de la realización de esta conciencia de la presencia, también conocida en el Zen como "conciencia
del momento", podemos romper el poder de los pensamientos engañosos y con todos los conceptos. Cuando,
en un instante, todo pensamiento cesa, hemos alcanzado el estado de Conciencia Pura y podemos percibir
directamente el corazón de nuestro Verdadero Sí Mismo
radiante.

En presencia absoluta del Aquí-y-Ahora, lo Eterno se
revela. En ese momento, aquí, en este lugar, la magni-
ficencia del Ser Divino se revela. No se encuentra ni en
el pasado ni en el futuro.

La verdad más elevada se halla directamente ante
nosotros, Aquí-y-Ahora, nada podría estar más cerca.
Sin embargo, tan pronto como se piensa en ello, se cae
en el engaño porque se intenta estar aquí y allí y, por lo
tanto, se está fuera de la realidad presente.

Si fuéramos conscientes de la verdadera naturaleza de
nuestra Mente no-nata e imperecedera, reconoceríamos

que el mundo de la percepción de los sentidos, incluyendo las percepciones y reflexiones intelectuales que han engendrado estas percepciones, solo representan una pequeña fracción de la realidad. Nos daríamos cuenta de que el momento que abandonemos esas nociones arbitrarias, abriremos un sin fin de posibilidades previamente insospechadas, y se desplegará ante nosotros lo ilimitado de la Conciencia Universal.

4

La búsqueda de la felicidad

La conciencia de la transitoriedad o impermanencia

Todas las personas se esfuerzan por alcanzar la felicidad y el deseo de evitar el sufrimiento sin saber qué buscan en realidad. Sin embargo, toda alegría que consigamos en esta vida, cada momento de felicidad, de hecho todo lo que amamos, tiene al final una duración finita. Y es por ello que el deseo de mantenernos en un imposible permanente nos hace sufrir y caer en el engaño dualista de la rutina.

En nuestra ilusión por la felicidad duradera nos aferramos a la vida. El ego se ancla con firmeza en esta constringente ego-manía, azuzada por el sentido de la individualidad desaforada que busca una identidad imperecedera.

Pero esta vida ilusoria a la que se aferra el ego, en realidad no es otra cosa que la muerte, porque nos separa de nuestro verdadero y divino Ser. Cuanto más estamos obsesionados en nuestra ceguera espiritual ego-maníaca, menor es nuestra capacidad para percibir la divinidad, presente en nosotros, como la fuente primaria de toda la vida. Sin embargo, el que ha tomado conciencia de la transitoriedad o impermanencia de todas las cosas del mundo y el sufrimiento causado por el apego a la permanencia, alcanza un punto de vista superior.

Ya no sentirá el deseo de participar en actividades sin sentido, como un hámster en su rueda. Ha alcanzado un nivel de claridad en el que la realidad se ha vuelto evidente para él y sabe que la atención de la mayoría de la gente simplemente se desliza superficialmente sobre lo que es en verdad importante.

Reconoce que, en realidad, nada de lo que logramos puede satisfacernos realmente, pues estamos buscando algo completamente diferente, sin saberlo. Por esta razón, el místico cristiano Aurelio Agustino (llamado San Agustín) dijo en el siglo 4:

> Tú, oh Dios, nos has hecho a tu imagen, y por lo tanto nuestro corazón estará inquieto hasta que descanse en ti.

Ya que nada de lo que logramos nos puede dar ninguna satisfacción definitiva, seguimos estando interiormente malcontentos y fijamos nuestra mirada en deseos cada vez más alto. Sin embargo, cada intento de construir un sistema de satisfacción duradero basado en las alegrías huidizas y los placeres transitorios de este mundo termina finalmente en decepción.

Nos agarramos a lo que creemos que es oro, y al final no tenemos nada más que arena seca que escurre entre los dedos. Perseguimos la felicidad tratando de satisfacer nuestros deseos por todos los medios disponibles. Cuando se cumplen, estamos felices, cuando no es así, estamos tristes. Sin embargo, fatalmente, estos deseos arden como un incendio descontrolado que consume cada vez más combustible.

Desapego interior

Durante la mayor parte de nuestras vidas nos vemos acosados por un deseo, específico o abstracto, por tal o cual experiencia o posesión material, todo en aras de captar un efímero momento de felicidad. Tenemos la tendencia de confundir la felicidad con el placer, sin darnos cuenta de que el placer es solo una ilusión, una sombra de la felicidad. La mayoría de nosotros pasamos toda nuestra vida en este engaño, constantemente en busca de nuevos placeres. Sin embargo, todo es pasajero y nada concreto puede traernos la verdadera felicidad duradera. En consecuencia, la verdadera felicidad solo se puede encontrar en lo "eterno". Solo se puede encontrar en lo que es independiente del espacio y el tiempo, porque el presente no es tangible y el pasado, como el futuro, es solo un pensamiento.

No podemos disfrutar de un momento en el tiempo sin que el pasado lo reclame como propio para convertirlo en memoria. Buda describe la situación con estas poderosas palabras:

Este mundo pasa y todo lo importante se disuelve en la nada. Cada uno debe despertar de su sueño. No hay tiempo que perder y por lo tanto: ¡sed firmes en vuestros esfuerzos! Toda existencia es transitoria como las nubes de otoño. Al igual que las escenas de una obra de teatro, así son el nacimiento y la muerte en el escenario de la vida. Al igual que un relámpago en el cielo, la vida transcurre; fluye cual torrente desbordado por la ladera de la montaña.

La transitoriedad de todo lo que percibimos con nuestros sentidos es una de las principales causas de nuestro sufrimiento. Este mundo no es permanente, y la transitoriedad es dolorosa. Sin embargo, no sufrimos porque las cosas de este mundo no sean permanentes, sino porque nos aferramos a la mentira opuesta. En consecuencia, no sufrimos porque el mundo no esté bien, sino porque nosotros no estamos bien.

Por lo tanto debemos dejarnos ir interiormente, a fin de recuperar aquello que es importante en un nuevo, más alto, nivel. Así alcanzamos una perspectiva completamente nueva, que resulta en la libertad y desapego "interior" de las cosas. Sin embargo, esta libertad real más allá las cosas nunca se puede lograr mediante la privación de las cosas mismas, porque no hay libertad cuando todavía se siente el deseo.

Solo al convertirnos en seres vacíos y libres de nuestras proyecciones condicionadas sobre las cosas, el valor que les conferimos, somos capaces de dejar ir nuestros apegos y deseos. Esto es lo que realmente nos hace libres y vacíos, incluso cuando poseemos muchas cosas. En las palabras del Maestro Eckhart, un místico cristiano del siglo 14:

Debemos tener como si no tuviéramos, y así poseer todas las cosas.

5

El camino hacia
la conciencia superior

Comprender la naturaleza de la Mente

El vaciado interior de todos los fenómenos es el requisito previo ineludible para experimentar nuestro Verdadero Sí Mismo. Lo que dificulta el ascenso hacia lo Divino, lo que nos mantiene existencialmente abajo y nos ata a la dimensión del espacio-tiempo no es nuestro cuerpo o factores externos, sino nuestras propias proyecciones internas con sus resultantes enredos en la diversidad del mundo de los fenómenos externos.

Sin embargo, ya que la verdadera naturaleza de las cosas es solo Mente y por tanto, vacío, nuestro encadenamiento a fenómenos se disuelve por su propia cuenta tan pronto como entendemos la naturaleza de esta Mente.

Esto significa que nos liberamos al reconocer que la naturaleza de la Mente y la naturaleza de las cosas es una. Porque todo lo que es, es Mente, al margen no existe nada más.

El Maestro Vedanta Ramana Maharshi, que murió en 1950, nos lo dice también:

El universo es solo un objeto creado por la Mente, que existe en la Mente. Solo nuestra costumbre de pensar el mundo como si fuera real y existiera fuera de nosotros mismos esconde nuestro verdadero y puro ser.

Nada de lo que percibimos, ningún fenómeno o situación, son reales, sino los productos de nuestra mente que los proyecta. Por lo tanto, todo el mundo externo de los fenómenos, de hecho todo el ciclo de nacimiento y muerte no es, en realidad, otra cosa que el producto del trabajo de nuestra mente y no una experiencia externa.

Estamos convencidos de que todo lo que experimentamos, ya sea alegría o sufrimiento, se produce por un mundo exterior real. Por esta razón creemos que todos nuestros problemas desaparecerán cuando alteremos la situación externa de acuerdo con nuestras concepciones, pero esto es una gran falacia que nos ata aún más al Samsara, el ciclo del nacimiento y la muerte.

Por donde quiera que vayamos, y sea cual sea el cambio externo que hagamos, terminaremos en la misma situación. El decorado en el escenario de la vida ha cambiado, pero el drama sigue siendo el mismo.

Sin embargo, cuando logramos una mayor conciencia y claridad perceptiva a través de la práctica de la meditación, reconocemos que somos la causa de todas estas experiencias que nos afectan. Y así vamos a entender qué formas de pensar y de comportarse son beneficiosas para nuestra evolución y felicidad espiritual, y cuáles debemos renunciar, a fin de alcanzar la verdadera liberación.

El desapego de los conceptos

Cada una de nuestras acciones provoca un impulso energético que se refleja de nuevo en su factor causante, pues es este quién realiza la acción.

Así se genera la ley universal del karma, de la causa y el efecto, pues siempre cosechamos exactamente lo que sembramos. Si sembramos la semilla de una planta venenosa, inevitablemente vamos a cosechar frutos venenosos, y la semilla de una planta curativa dará a luz una planta que tiene un efecto curativo.

Nos guste o no, todo lo que sucede en nuestras vidas es el resultado del pensamiento y de sus acciones resultantes. Por tanto, el verdadero factor desencadenante del Karma se encuentra ligado a nuestro pensamiento, que es claramente el que toma la decisión de actuar, antes a la acción en sí.

Todo lo que sucede en nuestra vida es el resultado de decisiones que hemos tomado en algún momento en el pasado. La tragedia es que la mayoría de las personas toman sus decisiones de manera inconsciente. De hecho, somos capaces de tomar un sin fin de decisiones, sin embargo, la mayoría de las personas se han limitado a sí mismas convirtiéndose en verdaderos manojos de reflejos condicionados. Estos reflejos son reacciones inconscientes a las circunstancias externas y el comportamiento de otras personas, que hacen que la gente condicionada sea predecible. La mayoría de las personas se esclavizan a patrones de comportamiento que se repiten constantemente a sí mismos, y convierten en predci-bles sus reacciones a todo tipo de estímulos ambientales.

Si deseamos liberarnos de esa vida de encarcelamiento bajo la camisa de fuerza de los patrones de comportamiento inconscientes, debemos mantener, en primer lugar, una distancia respecto a nosotros mismos. Esto significa, por ejemplo, que debemos lograr mayor atención a través de la práctica de la meditación, que nos lleve a tomar todas las decisiones de modo consciente y sin emociones.

Como resultado final, nos liberamos de todos nuestros patrones de comportamiento habituales que pueblan el ámbito de lo inconsciente y nos elevamos al nivel más alto de conciencia cristalina. Por último, aspiramos a llegar a ese grado de conciencia superior que distinguimos por su pensamiento espontáneo y su forma de obrar no condicionada. La liberación de nuestro enredo es posible en el camino hacia la realización solo cuando nos damos cuenta de la vacuidad e irrealidad de todos los fenómenos. Esta es la única manera en que podemos ser libres de nuestros conceptos e identificaciones que atrapan en su ignorancia a la gente del mundo. Son como prisioneros que, tras muchos años de presidio se han acostumbrado tanto a sus cadenas que ya no tienen el anhelo de libertad, y gozan en su cautividad.

Ya que su mente se cubrió con las nubes de la ignorancia, no pueden reconocer la realidad que irradia de su Verdadero Sí Mismo. Y por ello buscan externamente, sin saber lo que están buscando, lo que solo se puede encontrar en su interior. La Mente, como la luz divina innata del hombre, está a la espera de la erradicación de la ignorancia, para brillar como el sol, una vez que las oscuras nubes de Maya han sido expulsadas.

6

La realidad de nuestro Ser original

En el océano del mundo cambiante

Cuanto más nos damos cuenta de la totalidad que todo lo abarca de Ser Divino, tanto dentro de nosotros como fuera de nosotros, menos capaces seremos de creer en la realidad y la importancia de nuestra limitante personalidad, en nuestro ego-engaño, y en un mundo externo de experiencias.

Sin embargo, el que vive exclusivamente en la ilusión de su mundo limitado de pensamientos y sentimientos, creados por el ego, será arrojado al océano de un mundo cambiante y seguirá siendo un esclavo de sus conceptos, atado a la rueda de la existencia. Y por ello girará sin cesar de nacimiento en nacimiento, poseído por un delirio de innumerables fantasías, como la ilusión vacía de su pensamiento.

Somos como el viejo mendigo que vive en una vieja cabaña abandonada y finalmente muere de hambre, sin saber que hay un gran tesoro justo bajo de sus pies.

Bodhidharma, el legendario primer patriarca del Zen del siglo 6 describe esta deplorable situación perfectamente:

La gente de este mundo busca a Buda en la lejanía. No saben que Buda es la esencia de su propia mente.

Por otra parte, en el Viveka Chudamani, una de las principales escrituras Vedanta de la India del siglo 9 leemos:

Tú eres Brahman, la realidad divina, la conciencia pura, el observador de todas las experiencias, y tu Verdadero Sí Mismo es la alegría.

Los seres humanos somos Buda en lo más profundo de nuestro ser. Esto significa que no somos otra cosa que la Mente Única, la inmutable esencia-Buda eterna, la fuente original de todo el cosmos.

Sin embargo, las personas son incapaces de percibir la condición de su "Iluminación original", ya que solo prestan atención a lo que la mente piensa, siente y percibe. La mayoría de ellos creen incluso que la Mente no es más que el resultado de la actividad cerebral dentro de la cubierta ósea de su cráneo. Están totalmente convencidos de que nuestro cerebro produce la Mente por medio de procesos neurológicos complejos. Es así que estos racionalistas orientados al materialismo ven la mente como el resultado de procesos bioquímicos en las células cerebrales.

Sin embargo, en verdad es todo lo contrario. El cerebro no es más que un material de compactación de la energía espiritual, y por lo tanto la Mente no es el resultado, sino el origen real de todo ser, y por lo tanto también de la actividad cerebral.

El Ser-Buda original

La Mente Única es el fundamento último universal, base de todas nuestras experiencias. No importa cuántas secuencias de movimiento tengan lugar dentro de ella, seguirá siendo inamovible. Nada puede empañar y nada puede reducir su brillo sin fin. Por esta razón, el Maestro Zen chino Huang-po dijo:

> Nuestra naturaleza búdica original es, vista desde la verdad más elevada, carente de cualquier átomo de objetividad. Es nula, omnipresente, silenciosa y pura. Es una gloriosa y misteriosa alegría pacífica, y eso es todo. Penetra profundamente en ella, y despiértate.

Mientras continuemos siendo cegados por nuestra ignorancia, no podemos reconocer la gloria espiritual de nuestro Ser Verdadero. En la identificación con las memorias entrelazadas de nuestros pasados ya difuntos, hemos llegado a estar ciegos frente a la realidad de nuestro Verdadero Sí Mismo. Hemos llegado a estar atrapados en la rutina de raíces profundas de los recuerdos que sustentan nuestra sensación de ser una entidad, identidad, separada.

Esta ceguera espiritual es la verdadera causa de nuestra permanencia en términos de aferrarnos a lo material y rechazar la verdad. Es esta unión la que a su vez solidifica nuestra conciencia del ego y por lo tanto nos encadena al ciclo de nacimiento y muerte.

De esta manera estamos atrapados en el reino de las ilusiones engañosas. Al identificarnos con lo irreal, ya no somos capaces de penetrar la falacia de nuestro ego-engaño y recuperar nuestro estado original, nuestra naturaleza búdica.

La siguiente anécdota Zen aborda esta realidad:

Un monje Zen pregunta al Maestro Zen Wie-kuan:
"¿Qué es el Tao?"
El maestro responde:
"El Tao es la realidad que yace en la base de todo y está directamente frente a tus ojos"
El monje continúa:
"¿Por qué no lo puedo ver, entonces?"
El maestro dice:

"Porque estás aún pensando en tu yo"

El monje:

"¿Puede usted verlo, entonces?"

El maestro:

"Mientras uses palabras como "yo" y "tú", y pienses con frases como "ves" y "no veo", no podrás ver el Tao".

Las respuestas dejan al monje confundido:

"Si no existe ningún "yo", ¿cómo se puede ver el Tao?"

El maestro: "Si no existe ningún "yo" ni ningún "tú", ¿quién quiere verlo?"

7

La Inmortalidad
del Ser Verdadero

La ilusión de la personalidad

Cuando tomamos lo que comúnmente llamamos nuestra personalidad humana y la sometemos a un análisis a fondo, descubrimos que su presencia no es más que una ilusión. De hecho, vamos a descubrir que esta llamada "personalidad" no es otra cosa que una simple colección de elementos de la existencia que están en constante proceso de transformación.

Estos elementos de la existencia, conocidos en el budismo como "Skandhas" son: corporalidad, sensación, pensamiento, voluntad y la conciencia. Sin embargo, no tienen un núcleo estable, inmutable, y por lo tanto están vacíos. No poseen una existencia que supere la muerte, de manera individual o en combinación con otros.

Toda la personalidad no es por consiguiente otra cosa que una sucesión de momentos de la existencia y combinaciones en forma de momentos de conciencia, uno después de otro, en rápida sucesión. La ilusión de una personalidad separada e individual se plantea a través de nuestra identificación con estos breves momentos de conciencia, que aparecen y se disuelven con dependencia funcional entre sí. Sin embargo, una vez que por fin hemos reconocido que los elementos de la existencia que componen la ilusión de una personalidad no son nuestro Verdadero Sí Mismo, no hay que temer su disolución en la muerte, ¡todo lo contrario! La desaparición de los elementos de la existencia significaría el ascenso de la luz interior de aquel que está libre de toda identificación.

Por eso Maestro Zen chino Huang-po nos transmite con sabiduría este resumen del proceso:

> Si un hombre común, cuando está a punto de morir, pudiera simplemente reconocer la vacuidad de los elementos de la existencia que forman la ilusión de una personalidad, y entender completamente que no constituyen un "yo", y reconocer la verdad. Que su naturaleza no comienza en el nacimiento ni perece en su muerte, sino que es un todo y abarca hasta lo más profundo, y que la mente es una con todos los fenómenos; si fuera capaz de hacer esto sería uno con lo Absoluto y alcanzaría la liberación de todo su Ser. Esta es una verdad básica.

La inevitabilidad de la muerte es un hecho innegable. El hecho de que un día moriremos es la más clara certeza, y la mayor incertidumbre es la hora de la muerte.

Todo el mundo sabe que en algún momento va a morir, pero la mayoría de la gente evita el pensamiento de que la muerte podría venir "ahora", dentro de la hora.

Sin embargo, es un hecho que nuestra fuerza de vida puede caer tan rápido como una gota de rocío de la punta de una brizna de hierba. Una vida humana es tan fácil de destruir como una pompa de jabón.

En el momento de la muerte

La muerte nos puede sorprender de repente, estemos listos para ella o no. Es por eso que es crucial desarrollar una presencia o estado de ánimo que sea en todo momento consciente de la incertidumbre de la hora de la muerte, porque el momento de la muerte es el momento más importante en nuestra vidas. El estado de ánimo en el que morimos es en última instancia decisiva para todo lo que nos sucederá en Bardo -el estado intermedio entre la muerte y el renacimiento- y por lo tanto para la naturaleza de nuestro renacimiento.

Escuchemos las últimas palabras del Maestro Zen Mjan-pu, cuyo claustro fue atacado por ladrones en la dinastía Sung. Cuando los ladrones decidieron matar al viejo maestro con una espada, pidió que le llevaran papel y un pincel de escritura para escribir sus últimas palabras:

Ante mí se encuentra un acontecimiento feliz, porque hoy es mi día de suerte, en el que voy a entrar al paraíso de Buda, de luz sin límites. Por favor, completad mi alegría con un golpe de su espada. Atacadme ahora, ¿a qué estáis esperando?

Sin embargo, la mayoría de la gente tiene miedo de morir. Pero esto es completamente innecesario ya que la divina Mente Universal, es decir: la Mente Única, junto a la cual no existe nada más, es también la muerte.

Cuando muero, y los elementos que crean la ilusión del yo se disuelven, es la Mente Única en sí, la que transforma el proceso de morir en un nuevo estado de ser.

Con mi muerte, mi propio mundo muere conmigo. Al igual que con mi nacimiento también nació mi propio mundo. Esto significa, en última instancia, que yo no nací en un mundo espacio-temporal ya existente antes de mí, y por lo tanto no lo abandonaré en mi muerte. El Maestro Zen chino Han-shan (siglo 17) lo explica así:

Es esencial tener una fe inquebrantable en la pureza original de la propia mente. En su acotación perfecta, acogedora y radiante, llena el universo entero. Originalmente no hay nada fuera de la Mente Única. No hay cuerpo, no hay conciencia de la mente y no hay mundo, así como tampoco existen ideas falsas o los pensamientos creados por las emociones.

Esta verdad revela todo tipo de objetos ilusorios, irreales. Todas las manifestaciones que tengo ante mis ojos son ilusiones, son solo reflejos que aparecen ante la Mente verdadera.

El Sí Mismo eterno e inmutable

Es solamente una cuestión de percibir la irrealidad de los elementos de la existencia que forman la ilusión de una personalidad, y de tener la confianza inquebrantable en la inmortalidad de nuestro Verdadero Sí Mismo.

La confianza que, en la muerte, un horizonte sin fin se abrirá a nosotros, de modo que en lugar de morir en un vacío, morimos en el esplendor del Ser Divino.

Si percibimos la vacuidad del cuerpo, la mente y el mundo, en el momento de la muerte, podemos impregnar todo de perfecta claridad, y todas las identificaciones y los aferramientos se disuelven por sí mismos.

A continuación, tras la percibida oscuridad de la muerte, la Luz Divina brillará sobre nosotros, misteriosa y maravillosa, y nos consumirá. Seremos transformados en la gloria brillante del Ser Divino.

Esta realidad inefable, que se encuentra más allá de todo pensamiento humano, es el Ser Eterno, inmutable, que forma la base de todo lo que experimentamos. En el budismo, este verdadero Ser inmortal es atestiguado claramente por las palabras de Buda:

Oh monjes, existe algo no nacido, no realizado, informe. Si no fuera así, no habría ningún escape del mundo de lo nacido, lo realizado, lo formado.

Somos conscientes del hecho de que nuestro cuerpo es mortal y por lo tanto está predestinado a disolverse un día. Sin embargo, esto no se aplica a nuestro Verdadero Sí Mismo, que no comienza con el nacimiento ni se termina con la muerte, y por lo tanto es inmortal. Los cambios en el mundo de los fenómenos a los que pertenece el cuerpo con todos sus aspectos psicológicos no lo afectan. En los Upanishads, las escrituras sagradas de la India, leemos:

Este Ser eterno no nació ni morirá. Vino de la nada y no se convertirá en nada. Es no-nato, eterno, inmortal. No muere cuando el cuerpo muere.

Las siguientes palabras del místico cristiano Maestro Eckhart son casi un comentario a este capítulo de la Katha-Upanishad:

...por lo tanto, yo soy la causa de mi yo, de acuerdo con mi Ser, que es eterno, pero no de acuerdo con mi devenir, que es temporal. Y por lo tanto soy no-nato, y por mi no-natividad no puedo morir. Por mi no-natividad he sido eternamente, y ahora soy, y permaneceré eternamente.

8

La presencia permanente del Ser

La experiencia de nuestro Verdadero Ser

En nuestra vida no puede haber nada más significativo, nada más importante que la experiencia de nuestro Verdadero Ser esencial. Sin embargo, a pesar de que nuestro Verdadero Sí Mismo, como nuestra realidad interna, es la verdadera esencia de cada ser, solo unos pocos son conscientes de su presencia permanente.

La presencia eterna de nuestra verdadero Ser, no-nato e inmortal, significa en última instancia que puede ser una experiencia de vida para cualquier persona que se se centre en la observación mística interna.

La experiencia de nuestro Verdadero Sí Mismo, por tanto, no puede considerarse como algo que se añade a nuestras vidas. La experiencia de nuestro Verdadero Ser, como significado y propósito de toda nuestra existencia, no puede ser nada especial, ajeno, o destacado, sino que es la vida real en sí.

Porque es así que la vida es la fuente eterna de todo lo vivo, por tanto la vida que da vida a la vida. Está más cerca de nosotros que nuestro propio corazón, más cerca que la respiración y es, como la conciencia original, pura, basada en toda la recepción invenciones y percepciones. A medida que la verdadera naturaleza de la Mente, que está completamente fuera de lo que puede captar la conciencia ordinaria.

Es la realidad absoluta existente por sí misma de los cuales han nacido los Maestros iluminados de todas las religiones durante milenios. Ya sea Buda, Jesús, Lao-tse o el Maestro Eckhart, todos tenían una cosa importante en común: un hombre que se despierta de su sueño de nacimiento y muerte y comprende su verdadero y divino Sí Mismo.

Todos vivimos en estrecha unidad con nuestro verdadero y divino Sí Mismo -nada podría sernos más cercano-, puesto que la realidad existente por sí misma está siempre presente en lo más íntimo de cada persona. Si esta no es consciente de este hecho, eso así porque está cegada por el encanto del exterior, está perdida en la ilusión del cuerpo, la mente y el mundo. En palabras del místico cristiano Maestro Eckhart:

> Dios está en el interior, pero nosotros estamos fuera; Dios está en casa dentro de nosotros, pero nosotros somos allí extranjeros.

La fuente eterna de toda la vida

Nuestro verdadero y divino Sí Mismo está siempre presente, pero pocos son quienes tienen interés en él. A menos que despierten y surja en ellos el deseo de lo eterno gracias a su karma positivo o por haber sufrido experiencias en sus vidas que se opongan a la transitoriedad o impermanencia de la existencia humana y sean así conscientes.

Hay en toda nuestra vida solo una necesidad real: la experiencia de nuestro Ser Verdadero no-nato e inmortal. Mientras no alcancemos realmente esta experiencia, no será posible encontrar la verdadera felicidad y satisfacción. No importa lo que logremos, ya sea dinero, fama o poder, siempre quedará la sensación de que nos falta algo esencial. En el no reconocimiento de la presencia eterna de su Sí Mismo divino, el hombre se aleja de la fuente de toda vida. Pero este alejamiento de la fuente primordial divina es un alejamiento de lo Eterna y un retorno a lo transitorio, del Ser absoluto al no ser, de la vida a la muerte.

Quien camina como un cadáver en la antesala de la

fuente original de todas las vidas en estúpida incons-
ciencia, indiferente, no puede aspirar a transitar en el
momento de su muerte a la plenitud de la Gran Vida.

Perdido en el laberinto de sus problemas auto-genera-
dos, el hombre moderno se ha enredado en una enorme
suma de los conflictos que amenazan con aplastarlo.
Debido a nuestra falta de auto-conocimiento verdadero,
nos hemos separado de la totalidad que todo lo abarca
de Ser y nos percibimos como un miembro separado de
todos los demás seres.

Debido a esta perspectiva dualista, estamos constantemente trabajando para estabilizar el pseudo-yo,
nos centramos solo en nuestro propio interés egoísta y
generamos nuestros juicios sobre los demás. Este au-
mento de una variedad de aferramientos y rechazos a su
vez genera karma negativo y sufrimiento sin fin para nosotros mismos y para los demás. Solo podremos alcanzar una solución a todos nuestros problemas auto-
generados si nos liberamos de la ilusión de separación y
reconocemos nuestro Verdadero Sí Mismo como todos
los seres unidos en Sí Mismos.

En efecto, si el mismo Ser es el corazón de la individualidad de cada persona, no puede haber individuali-

dades separadas, existentes al margen de lo demás. Una personalidad segregada de todas las demás tiene tan poco sentido como una ola que es diferente de todas las otras olas en el mar.

Todo es un Mar en su totalidad que todo lo abarca y así es todo la Mente Única, nuestro Verdadero Sí Mismo, junto a lo cual nada más existe.

La fugacidad de la vida

Todo el sufrimiento humano tiene su propia raíz en la no realización de nuestro Verdadero Ser. No importa lo que hayamos logrado en esta vida, en el momento de nuestra muerte nos será todo inútil y se disolverá. Si pasamos toda nuestra vida hasta el momento de la muerte ciegos a lo esencial, viendo únicamente los aspectos materiales de esta vida, esta habrá sido una existencia desgra-ciada, porque significará que hemos ignorado el verdadero sentido de la vida.

Un elemento básico y esencial para todo pensamiento espiritual serio es el de la transitoriedad de todo lo que existe. Uno tiene que mirar la verdad a los ojos y tener claro lo fugaz que es la vida humana y lo incierto del momento de la muerte. Además de eso, de acuerdo con las enseñanzas de diferentes sabidurías de Asia, el nacimiento humano es algo extremadamente raro y solo a través de ello es posible encontrar alivio al ciclo del nacimiento y la muerte.

Pero ya que el ser humano no puede saber cuándo va a morir, y cuánto tiempo tardará en hacerlo y si va a renacer de nuevo como ser humano, debe comenzar de inmediato dedicarse a su Verdadero Sí Mismo. Pero quien espera hasta "tener más tiempo", probablemente nunca encontrará ese tiempo.

Así, quienes realizan largas introspecciones alcanzan conciencia de la transitoriedad y, por tanto, buscan trascender la existencia insatisfactoria. Anhelan la verdadera experiencia de ser, buscando el contacto y sensación de la Voluntad Divina. Esa persona se centra en la experiencia de aquello que está más allá del nacimiento y la muerte, y cuya presencia siente en su inte-rior. La presencia de la divina realidad inmanente en la base de nuestro Ser nos atrae, y estamos llamados a buscarla y a encontrarla en la contemplación mística. En las palabras del maestro Zen chino Hung-chi del siglo 12:

> Para conocer la realidad de Zen en toda su profundidad, tienes que despejar tu mente y sumergirte en la práctica de la contemplación silenciosa interior de tu verdadera naturaleza.
>
> Alcanza la visión completa y sin obstáculos del origen de la realidad, por lo que la Mente misma esté abierta, brillante, sin límites, sin nudo ni desenlace. Completa y total, como un haz de luz que brille a través del universo y corte a través del pasado, presente y futuro.

Este despertar a nuestro Verdadero Sí Mismo no es un objetivo que se trata de adquirir, más bien es la vívida comprensión de lo que es. Siempre ha estado en nosotros, seres que existimos, porque es lo que en realidad somos.

9

El Verdadero Sí
Mismo como
el Eterno
»Yo soy«

La fuente original de todas las cosas

Más allá de todo lo que los sentidos y la razón pueden comprender, una luz divina y eterna brilla dentro de nosotros. Sin embargo, ¿para qué le sirve esto a una persona si dentro de su propio ser carece de voluntad de comprender lo Divino, así que se enreda más y más en la maraña de su confusión espiritual?

Pero así como un cáliz de oro puede ser cubierto de tierra, sin perder nada de su verdadera esencia, también se encuentra el Verdadero Sí Mismo oculto por dentro y permanece eternamente intacto por la suciedad de la ignorancia que lo cubre.

Mientras nos aferremos a la transitoriedad a través de nuestra identificación con los fenómenos externos, no podremos experimentar nuestro verdadero estado de la Mente ilimitada, transmundana. Buscamos lo Eterno en la transitoriedad, sin darnos cuenta de que nuestro Verdadero Sí Mismo está constantemente presente en nosotros como la base de todas las experiencias.

El Maestro tibetano Mahamudra Padmasambhava, en el siglo 8, nos da el siguiente ejemplo:

Es totalmente imposible encontrar a Buda en otro lugar que en la propia conciencia. Una persona que no sabe esto puede buscar externamente, pero ¿cómo es posible encontrarse a uno mismo cuando uno busca en un lugar distinto a dentro de uno mismo? Quien busca su propio ser externamente es como un tonto que, actuando ante una multitud, se olvida de quién es y se ve en todas partes a sí mismo.

Por esta razón, el Maestro Eckhart nos increpa:

¿Por qué salís? ¿Por qué no permanecéis dentro de vosotros mismos y profundizáis en vuestro propio bien? ¡Es así que lleváis toda la verdad intrínseca dentro de vosotros!

Huang-po también nos dejó estas palabras de amonestación:

No os atéis a nada más allá que el Ser-Buda, la fuente original de todas las cosas.

La mayoría de la gente vive separada de esta fuente original y al mismo tiempo se alejan de su Verdadero Ser. Es la auto-alienación, cuyo origen surge de la ignorancia de la verdadera naturaleza divina que tiene en su interior toda persona. Por lo tanto, la liberación del ciclo de nacimiento y muerte solo puede consumarse mediante un radical "volver hacia el interior", con una verdadera "Metanoia", un retorno interno.

El Maestro Zen chino Ta-hui, del siglo 12, también nos dice:

> Si uno permite que su mente se hunda sin limitaciones en las profundidades insondables, que el intelecto y el pensamiento no pueden penetrar, verá la Mente Única, absoluta y radiante. Esta es la forma de lograr la liberación del ciclo del nacimiento y la muerte.

El eterno "Yo soy"

Cuando una persona se sumerge en su base mística interior y extingue su ego, se convierte en lo que busca. Se reconocerá a sí misma como la persona que realmente "es", cuya Existencia está dentro y fuera de sí misma. El misterio último de todo Ser lo experimentamos dentro de nosotros en lo absoluto de nuestro Sí Mismo como el eterno "Yo soy", que percibimos en las profundidades de nuestro propio Ser existente. En palabras del filósofo chino Lao Tse, que desarrollo una gran parte de los fundamentos del taoismo en el siglo 6 antes de Cristo:

Un ser, intangible y sublime existe.
Precede al cielo y a la tierra,
tan silencioso, tan sin forma.
Solo en sí mismo, no cambia,
todo lo penetra, eterno.
Oculto, puede estar,
más su presencia es constante.
Aparece como el origen
de las miríadas de seres.

Este "yo soy" es la realidad de todo lo que es. Es el Ser Puro, la fuente original y eterna de la cual fluye toda la vida en una abundancia sin fin. Como fuente de todas las conciencias, es la conciencia en todas las cosas, y el que lo percibe experimenta toda la creación como este "Yo soy". Una vez que por fin hemos despertado a esta nuestra divinidad que mora en nosotros, todo el ser se ha transformado. Volvemos a la fuente de toda la vida de tal manera que vivimos en la conciencia constante de nuestro Corazón-Mente fundamental.

Al igual que el vidente sabio al final del Taittiriya Upanishad, podemos decir en voz alta:

¡Qué maravilloso! "Yo soy", antes de que ni siquiera los dioses aparecieran. Yo soy el centro y la fuente

10

El ascenso
de la luz interior

La muerte mística

El proceso de morir en la oscuridad del abismo de la nada divina como la experiencia de la muerte mística es un despertar a la realidad última. El ego o "Yo" se desvanece en la "noche oscura de los sentidos y la mente", y el "Yo mismo" es testigo de su resurrección en el esplendor eterno de su Ser original.

En la búsqueda de Ser divino, el alma debe perderse. Aunque pueda parecer una paradoja: solo podemos experimentar nuestro verdadero "Sí Mismo" cuando ya no haya nadie que lo pueda experimentar. El Verdadero "Sí Mismo" solamente se desplegará cuando, en el momento de la muerte mística, el falso "Yo" muera.

Solo cuando nuestro "Sí Mismo" se encuentre sumido en la noche, se levantará el sol interior. Cuanto mayor sea la oscuridad, más brillante será la luz que brillará en nosotros. En las palabras del Maestro Zen chino Huineng, el sexto patriarca del Zen en el siglo 8:

Cuando Prajna, la sabiduría trascendental, brille dentro con su luz, penetrándolo todo, tanto en el interior como el exterior, os iluminará y percibiréis vuestra propia Mente. Cuando hayáis percibido vuestra propia mente como la verdadera Mente Única, habréis alcanzado la gran liberación.

Los maestros iluminados de todas las épocas y culturas hablan de la llegada de esta "luz divina que brilla en la oscuridad" aún por venir.

El Maestro Vedanta Shankara del siglo 9, considerado el mayor responsable de la Advaita-Vedanta, habla de esto también:

Al igual que la oscuridad se desvanece a la luz, su opuesto, lo mismo ocurre con el falso "yo", que desaparece con su mundo de ilusión cuando la luz de Brahman -la realidad divina- se levanta en el corazón. Cuando cae la máscara engañosa, el que percibe a Brahman se convertirá en el propio Brahman.

La cueva del corazón

Mientras el aspecto superficial-sensorial del mundo exterior de los fenómenos continúe atrayendo el interés especial de la conciencia humana, las personas seguirán vinculadas a través de ellos. Así la luz interior está oculta por un velo de ignorancia causada por las oscuras nubes de pensamiento diferenciador. Por esta razón, el Maestro Zen chino Huang-po nos dice:

> La mente se llena con el brillo de la claridad. Por lo tanto, deshazte de la oscuridad de tus viejos conceptos. ¡Libérate de todas las cosas!

Solo en el total abandono de todas las restricciones externas e internas nos encontraremos con nuestro Verdadero Sí Mismo. Es decir, con la liberación de todos nuestros patrones de comportamiento y de pensamiento se manifestará el misterio inefable del nacimiento mís-tico de Dios en la más profunda parte de su alma. Esta es la base primordial del ser humano, el centro de nuestro ser, la fuente de toda la vida.

Es la "cueva del corazón", en el que la luz de nuestro Verdadero Ser ilumina todo el universo como el sol, y se nos revela en la misteriosa contemplación de las profundidades ocultas. Impenetrable para los sentidos y el intelecto, es la gloriosa irradiación de Atman, nuestro verdadero Ser. En el Chandogya-Upanishad está escrito:

Esta luz, que brilla por encima de los cielos, por encima de todo el mundo, más allá de todo, por encima de los más altos mundos, es esta misma luz que brilla en lo más profundo de hombre.

En la oscuridad sin fin, dentro del corazón, la ascensión a la luz interior nos sobreviene en el momento de la muerte mística. El Maestro Zen chino Huang-po habla también de la repentina llamarada de luz divina como lo eterno en el hombre:

Si desearais finalmente deshaceros de todo el pensamiento conceptual en un instante, vuestra verdadera esencia se manifestaría como el sol ascendiendo a través del vacío e iluminaría todo el universo, sin obstáculos ni límites.

La luz radiante de la realidad

La "Gran Muerte", como se conoce en el Zen, se convierte en la "Gran Liberación". Aunque pueda parecer una paradoja, la muerte y desaparición del "pequeño Yo" es el ascenso al verdadero "Sí Mismo". Lo que experimentamos en el proceso de la muerte mística como un morir se manifiesta como el paso de la muerte a la vida. Somos testigos de nuestra resurrección del reino de los muertos.

Es el gran momento de despertar del sueño de un mundo de supuesta multiplicidad. Al pasar hacia nuestro Verdadero Ser nos elevamos por encima de todas las limitaciones de la existencia humana con destino terrenal y experimentamos nuestro ascenso por encima de la bruma oscura de los fenómenos hacia la clara luz de la realidad.

El muro de la muerte ha sido penetrado, el velo de Maya rasgado y la luz radiante libera nuestro Verdadero Sí Mismo.

Cuando la persona está dispuesta a renunciar totalmente a sí misma por amor a lo Divino, en la renuncia total de sí mismo, se le concederá experimentar el ascenso a la luz divina. Simeón el Teólogo, sin duda el místico cristiano más importante de la Iglesia ortodoxa griega, era uno de los que estaba dispuesto a esta entrega total:

De repente sentí que él estaba dentro de mí mismo. En el centro de mi corazón, él apareció como la luz circular del disco solar. Y la luz me elevó por encima de todo, y yo, que estaba en medio de todas las cosas, ahora habito fuera de todo, yo no sé si estoy también más allá de mi cuerpo. Ahora, en verdad, estoy completamente aquí, donde "Él"

11

Volviendo al origen de todo Ser

Dios y yo somos uno

Más allá de todo lo que los sentidos y la razón pueden comprender, vamos a percibir la realidad. Vamos a ser uno con el misterio sin fin, muriendo en la oscuridad abismal de la nada divina, que se manifiesta como la plenitud radiante del Ser Divino.

El místico cristiano Dionisio Areopagita ensalza la brillante luz de la oscuridad divina de la siguiente manera:

> ¡Oh la oscuridad del silencio! No bastaría con decir de ti que brillas como pura oscuridad en luz radiante, no bastaría con decir de ti que tu esplendor se mantiene siempre sin cambios; no bastaría con decir de ti que deslumbras a la oscuridad llegando a lo más básico, hasta el punto de ruptura, con el brillo de tu plenitud y que eres más hermosa que la belleza misma.

Cuando la realidad divina irrumpe en la vida de una persona que anhela a Dios, quien ha alcanzado la Iluminación ya no puede decir: "Yo he visto a Dios". Ni siquiera puede decir, „yo he sentido a Dios", sino simplemente "Dios y yo somos uno". Así lo dijo también el sabio vidente del Katha-Upanishad:

> El secreto de la inmortalidad profundiza solo en el corazón puro cuando este se hunde en una profunda devoción: el Sí Mismo y Brahman son uno. Yo soy Brahman y Brahman soy yo. La unidad con Dios, eso es la inmortalidad.

El que experimenta, la experiencia y lo que se experimenta se convierten en uno completamente. En palabras del Maestro Eckhart:

> Si Dios fuera visible, una luz sería Dios mismo. El ojo con el que veo a Dios es el mismo ojo con el que Dios me ve. Mi ojo y el ojo de Dios es un ojo, una percepción y un solo Ser.

Sin embargo, consciente del carácter excepcional de su enunciado, el Maestro Eckhart añade:

> Mientras la persona no sea afín a esta verdad,

será incapaz de entender estas palabras. Porque esta es una verdad pura que viene directamente del corazón de Dios.

Iluminación relámpago

El despertar a la realidad última es algo que siempre está más allá de toda capacidad humana. La experiencia de la Iluminación permanente es siempre un don de la gracia. Al menos esta es la forma en que la sienten aquellos que están literalmente abrumados por esta experiencia que golpeó la esencia más profunda de su ser.

Se dan cuenta: yo no soy la causa de la experiencia, sino más bien, yo soy el que está herido. Por lo tanto, en su mayor parte, la experiencia de la Iluminación se da en un momento fuera de la meditación normal, cuando no se espera. Por ejemplo, para algunas personas la Iluminación llega de repente y de forma inesperada, mientras están en silencio permanente en el campo. En el preciso momento en que se relajan y se dejan llevar, o mejor dicho -se han convertido en este dejarse llevar a sí mismos- todo se les concede. Para otros esto sucede mientras se lee un pasaje de un texto religioso, a pesar de que puedan ya haber leído el mismo verso muchas veces antes, sin tener una revelación espiritual. A menudo es solo un sonido, una campana, un canto de aves, a la vista de una hoja que cae de un árbol, o una flor que puede convertirse en el impulso directo.

Así fue para el conocido poeta Zen Basho, del siglo 17, mientras estaba sentado junto a la laguna de edad en el jardín del claustro cuando escuchó el sonido de una rana que saltaba. En ese momento escribió su famoso poema Zen, un Haiku:

Un viejo estanque, rana que salta al agua, ¡Plop! chapotea.

El Maestro Zen japonés Imakita Kosen, del siglo 19, nos da la siguiente descripción impresionante de su experiencia de la Iluminación:

Una noche, era como si de repente el límite entre el antes y el después hubiera sido cortado. Entré en el maravilloso Reino de de las Maravillas. Yo estaba en el corazón de la "Gran Muerte", quedé sin percepción de la existencia de todas las cosas o de mí mismo. Todo lo que sentía era como si un espíritu en mi cuerpo creciera hasta abarcar diez mil mundos y como si un resplandor de luz sin fin se encendiera.

El bautismo de fuego del Espíritu

La experiencia de la Iluminación es el gran punto de inflexión en la vida de una persona, que afecta a toda su personalidad. Se experimenta una "revolución espiritual", un tremendo "bautismo de fuego de la Mente" en el más alto nivel de conciencia de la Conciencia Universal que todo lo abarca. Porque, en este renacimiento se ha llegado a un nuevo y totalmente diferente estado del Ser que cambia radicalmente toda la perspectiva y actitud ante la vida de la persona. Esta experiencia no solo influye en la actitud mental ante las cosas, sino que transforma toda la conciencia en una profunda y global comprensión de la vida.

Una persona que ha despertado a la Verdadera Naturaleza de la Mente habita más allá del nacimiento y la muerte, de modo que la cuestión de "ser o no ser" pierde su significado para ella. Ya no tiene ninguna razón para aferrarse a la vida, puesto que ha reconocido la maravillosa unidad de la vida y la muerte, y está más allá de toda dualidad y limitación individual. Permanece en una gran afirmación y plenitud de vida ya que, a través de su muerte en la "muerte mística", ha experimentado un renacimiento como ser iluminado que está ya fuera del sueño del nacimiento y la muerte. Su liberación de la penumbra de Maya ha transformado su estado de oscurecimiento de la mente en el estado de Iluminación de la Mente Ilimitada.

Ha muerto y ha surgido de entre los muertos. Es quien "ha despertado o está iluminado", que ha despertado a la "luz clara de la realidad". En palabras del Evangelio según San Juan:

Él no caminará en la oscuridad, sino que tendrá la luz de la vida eterna.

El que ha despertado a la realidad sin nacimiento y sin muerte de su verdadero Sí Mismo a través de la experiencia de la Iluminación se ve a sí mismo como la Mente Misma que siempre ha existido, pero ahora se manifiesta claramente. El nacimiento de Dios se le muestra como una "experiencia vital" en el fondo del alma.

Se experimenta a sí mismo como no-nato e inmortal, y como la propia Eternidad. Ha vuelto al origen de todo Ser, a la fuente inagotable de toda la vida.

Glosario

Advaita-Vedanta Sánscr. Uno de los tres principales sistemas filosóficos y teológicos en el Vedanta hindú. Su máximo exponente fue Shankara del siglo 9, uno de los más grandes hombres santos y filósofos de la India.

El Advaita Vedanta enseña que el espíritu universal divino →Brahman mismo, →Atman y el mundo exterior de los fenómenos son todo uno. En el Viveka-Chuda-mani de Shankara (siglo 9), la "Joya del discernimiento", se dice: "Tú eres Brahman, la conciencia pura, el público de todas las experiencias y tu verdadera naturaleza es la felicidad".

Atman Sánscr. En el hinduismo, el verdadero Sí Mismo inmortal del hombre. Como una conciencia absoluta, son los testigos detrás de toda experiencia y uno con →Brahman.

Bardo Tíbet. literal. "Estado intermedio" Se refiere al estado intermedio entre la muerte y el renacimiento.

Las enseñanzas budistas subrayan firmemente la fuerza decisiva del estado de ánimo de un moribundo (si es virtuoso, no virtuoso o neutral) y las influencias negativas de la codicia, el odio y el engaño durante el propio Bardo.

Brahman Sánscr. El uno, eterno, Absoluto que todo lo penetra, el origen y el apoyo de todo el universo. La filosofía del Vedanta (→Advaita Vedanta) enseña que Brahman, el Absoluto sobre lo personal y→Atman, son uno con el verdadero Sí Mismo en todos los seres. Brahman, la única realidad existente, es la esencia y el Sí Mismo (Atman) de todos los seres.

El Viveka-Chudamani, una de las obras más importantes de Advaita Vedanta, dice, "Atman es uno con Brahman. Esta es la verdad más elevada: Solo Brahman es real. No hay nada más que él. Ya que se le reconoce como la realidad suprema, no existe nada más que Brahman".

La comprensión de que Brahman y Atman son uno, se considera el objetivo más elevado, ya que trae alivio de la atadura al →Samsara, el ciclo de nacimiento y muerte.

Buda Sánscr. literal. "El que Despertó". 1. El Buda Shaky-amuni histórico, que nació en India aproximadamente en el 563 AC. 2. Una persona que conduce a la liberación del ciclo de nacimiento y muerte (→Samsara) y ha alcanzado la perfecta iluminación (→Satori). 3. La verdad última, verdadera esencia de toda la existencia.

Buddha-Dharma Sánscr. (Jap. Buppo), la "Ley de Buda". Las enseñanzas del Buda Shakyamuni histórico. En el Zen, Buda-Dharma no define una doctrina, que puede estar mediada por las palabras, sino la de la verdad más elevada, inaccesible al pensamiento conceptual distintivo. Es la verdad esencial que llevó a la enseñanza del Buda y que
puede ser adquirida solo de modo inesperado e inmediato, mediante la experiencia de la iluminación (→Satori).

Buddha-Natur Sánscr. "Buddhata", la verdadera naturaleza de todos los seres. Permite a las personas alcanzar la iluminación (→Satori).

Dharma Sánscr. Un término con diferentes significados.

Las enseñanzas de→Buda. El orden universal y su sustancia. En este libro, se utiliza principalmente en el sentido de la doctrina del Zen.

Dharmakaya Sánscr. "Cuerpo del gran orden". El verdadero e indescriptible cuerpo de la esencia de →Buddha, al tiempo que la esencia del universo.

Karma, Sánscr. literal. "acto o hecho". La ley de causa y efecto, según la cual todos los pensamientos y acciones tienen un efecto correspondiente. Esto nos permite determinar la calidad de nuestras propias vidas e influir en las vidas de los demás.

Mahamudra Sánscr. "Gran Símbolo". Enseñanza principal de la escuela Kagyü del budismo tibetano Vajrayana. Mahamudra se traduce también como el "Gran Sello", mostrando la importancia de su finalidad, como sello. Al igual que en la práctica del Dzogchen en el linaje Nyingma, en la práctica Mahamudra se reconocer que la Naturaleza Luz de la Mente lleva directamente a la iluminación (→Satori).

Maya Sánscr. literal. "ilusión, apariencia, engaño". En la filosofía Vedanta (→Vedanta) Maya es el poder de la gran ilusión. Oscurece la visión humana, por lo que estos no pueden reconocer la última realidad de →Brahman. Shankara combina Maya con Avidya, la ignorancia. La falta de conocimiento, que es la falta de reconocimiento de la realidad última de Brahman, disfrazándola con una ilusión de un mundo exterior de fenómenos en el espacio y el tiempo.

El budismo Mahayana llama a Maya engaño o ilusión, señal generada por una falsa visión causada por un espejismo. Todo lo individual está relacionado y no tiene existencia en sí mismo, está en última instancia vacío (Shunyata), formado solo por pura imaginación.

Prajna Sánscr. literal. "sabiduría" (Pali: Panna, Hannya japonés). En el budismo Mahayana, Prajna es la experiencia de comprensión intuitiva en el vacío (Shunyata) de todo fenómeno. Prajna es una de las características esenciales de la iluminación.

Samsara Sánscr. literal. "vagabundear". El ciclo del nacimiento y la muerte. El objetivo principal de todos los budistas e hindúes es la liberación del Samsara y así alcanzar la superación del sufrimiento. Es la liberación de la esclavitud de la rueda del nacimiento, el envejecimiento, la desesperación, la enfermedad, el dolor y la muerte.

Satori, jap. (Chino Wu). Término Zen para describir la experiencia de la iluminación, es decir, del despertar. Satori es mucho más que una comprensión intuitiva de la naturaleza verdadera como en la experiencia de Kensho, como alguien que experimenta Satori, completamente absorbido en ello. Satori se describe en el Zen como la reencarnación del Verdadero Sí Mismo, cuando el falso e ilusorio Sí Mismo, presa de la ego-manía, muere la "Gran Muerte".

Upanishaden Sánscr. Upanishad, literal. "Sentarse cerca o bajo", es decir, sentarse junto al maestro para recibir la doctrina secreta. Los Upanishads son una clase de textos que conforman la parte final del Veda y son la base fundamental del →Advaita-Vedanta. Abordan la verdad última, y pertenecen a las escrituras sagradas del hinduismo.

Vedanta Skrt. →Advaita-Vedanta

C E N T R O   Z E N
TAO 道禅 CHAN

Tao Chan Zentrum e.V.
65195 Wiesbaden
Alemania

El centro Zen Tao Chan está dirigido personalmente por Maestro Zen Zensho W. Kopp. En los muchos años de su ministerio como Maestro espiritual se ha ido configurando a su alrededor una gran comunidad de alumnos, a quie-nes regularmente imparte sus enseñanzas.

Fines de semana Zen
Una vez al mes, el Maestro Zen Zensho dirige un fin de semana Zen: dos días, en los que también pueden participar los interesados en el tema.

Información e inscripción
Tel. +49 (0)611 940 623 -1 Fax -2
www.tao-chan.org/es
www.facebook.com/centrozentaochan

Libros de Zensho W. Kopp

La vida verdadera mediante el ZEN

Auto-realización espiritual en la vida diaria   *En español*

ISBN: 9-783744-894036

En alemán: Tapa blanda | E-book | Audiolibro
En inglés: Tapa blanda | E-book | Audiolibro

eBook

Libros de Zensho W. Kopp

Lao-tse
TAO TE KING
El libro del Tao y su Virtud

Nueva traducción
con introducción del
**Maestro Zen
Zensho W. Kopp**

Lao-tse – Tao Te King
El libro del Tao y su Virtud

En español

Nueva traducción con introducción
del Maestro Zen Zensho W. Kopp

eBook

ISBN 978-3-744895-38-5

En alemán: Tapa blanda | E-book | Audiolibro
En inglés: Tapa blanda | E-book | Audiolibro

Libros de Zensho W. Kopp

Las enigmáticas revelaciones de lo Eterno
Pinturas y sentencias de un Maestro zen occidental

ISBN 978-3-744895-96-5

Disponible también en inglés y alemán

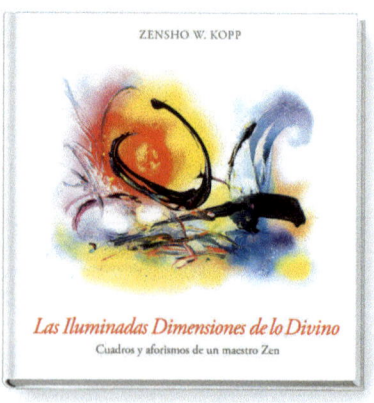

Las Iluminadas Dimensiones de lo Divino
Cuadros y aforismos de un Maestro Zen

ISBN 978-1-490311-88-2

Disponible también en inglés, alemán y francés